LOS ESPIRITUS DE LA NATURALEZA

C. W. Leadbeater

LOS ESPIRITUS
DE LA
NATURALEZA

Editorial Sirio, S.A. - Málaga

© Editorial Sirio, S.A.
Panaderos, 9 - Málaga-29005
Tel. 22 40 72

Primera edición: Agosto de 1985

Depósito Legal: B-29919-85
ISBN: 84-86221-19-6

Impreso en España
Printed in Spain
Producciones Gráficas Editoriales
Cerdeña, 173 1.º A 2.ª
08013-Barcelona

EL ESPÍRITU DE LA ENCINA -

UNA EVOLUCION APARTE

Los espíritus de la naturaleza, a quienes debemos considerar como unos de los habitantes autóctonos de la Tierra, han sido expulsados de diversas partes de ella por la invasión del hombre, análogamente a lo ocurrido con los animales silvestres. Del mismo modo que éstos, los espíritus de la naturaleza, evitan por completo las ciudades populosas y todo lugar en que se reúnen muchedumbres humanas, por lo que allí apenas se nota su influencia.

Pero en los tranquilos parajes rurales, en bosques y campos, en las montañas y en alta mar, están siempre presentes, y su influencia es poderosa y omnipenetrante, de la misma manera que el perfume de la violeta embalsama el ambiente aunque esté oculta entre la hierba.

Los espíritus de la naturaleza constituyen una evolución aparte, completamente distinta, hoy por hoy, de la evolución humana. Todos estamos familiarizados con la trayectoria de la segunda Oleada de Vida a través de

9

los tres reinos elementales hasta llegar al mineral, del que asciende por el vegetal y el animal para alcanzar la individualidad en el nivel humano. También sabemos que una vez lograda esta individualización, el progreso de la humanidad nos lleva gradualmente a las etapas del Sendero y después en progresión ascendente al Adeptado y a las gloriosas posibilidades de un más allá.

Esta es nuestra línea de desenvolvimiento, pero no hemos de incurrir en el error de creer que es la única. En este mundo nuestro, la vida divina fluye por diversas corrientes, de las cuales la nuestra es tan sólo una, y en modo alguno la más importante. Comprenderemos esto mejor, recordando que la humanidad en su manifestación física ocupa solamente una pequeña parte de la superficie terrestre, mientras que hay entidades situadas en el correspondiente nivel de otras líneas de evolución, que no sólo pueblan la tierra más densamente que el hombre, sino que además moran en la dilatadísima planicie del mar y en los campos del aire.

LINEAS DE EVOLUCION

En la presente etapa, vemos que las diversas corrientes a que hemos aludido fluyen paralelamente, aunque por de pronto de todo punto distintas. Por ejemplo, los espíritus de la naturaleza no han sido ni serán nunca individuos de una humanidad como la nuestra; y sin embargo, la vida que en ellos mora dimana del mismo Logos solar del que dimana la nuestra y a El volverá como la nuestra. Hasta llegar al nivel mineral, las corrientes pueden considerarse paralelas; pero tan pronto como alcanzan el punto de conversión y suben por el arco ascendente, aparece la divergencia. La etapa mineral es, por supuesto, aquella en que la vida está más profundamente sumida en la materia física; pero si bien algunas corrientes retienen formas físicas en las diversas etapas ulteriores de su desenvolvimiento, haciéndolas según adelantan, más a propósito para la manifestación de su vida interna, hay otras corrientes que desde entonces desechan la materia densa y durante el resto de su desenvolvimiento en este mundo usan cuerpos constituidos exclusivamente por materia etérea.

Así, una de dichas corrientes o colectividad de entidades, tras pasar por la etapa mineral, no se transporta al reino vegetal, sino que toma vehículos de materia etérea para morar en el interior de la corteza terrestre y en el seno de las compactas rocas.

Muchos estudiantes no aciertan a comprender cómo es posible que haya seres vivientes que moren en el seno de las rocas o en el interior de la corteza terrestre. Sin embargo, los seres dotados de vehículos etéreos no tropiezan con la más leve dificultad para moverse, ver y oír en la masa de la roca, porque la materia física sólida es su ambiente natural y su peculiar habitación, la única a que están acostumbrados y en la que se encuentran como en su propia casa. No es fácil formarse un concepto exacto de estos vagos seres inferiores que actúan en amorfos vehículos etéreos. Poco a poco van evolucionando hasta llegar a una etapa en que si bien habitan todavía en el seno de las rocas compactas, se acercan más a la superficie de la tierra, en vez de esconderse en lo más hondo de la corteza; y los más evolucionados de entre ellos son capaces de mostrarse eventualmente al aire libre durante un corto tiempo.

A estos seres se les ha visto y más frecuentemente oído en las cavernas y las minas. La literatura medieval les dio el nombre de gnomos. En las condiciones ordinarias no es visible a los ojos físicos la etérea materia de sus cuerpos, por lo que cuando se muestran visiblemente es porque o se han revestido de un velo de materia física, o quien los ve ha excitado su perceptibilidad sensoria hasta el punto de afectarle las ondas vibratorias de los éteres superiores y ver así lo que normalmente no percibe.

No es rara ni difícil de lograr una temporal excitación de la facultad visual, que se necesita para percibir a los espíritus de la naturaleza; y por otra parte, la materialización es cosa fácil para seres situados muy cerca de los límites de la visibilidad. Así es que se les podría ver con mayor frecuencia de la que se les ve, a no ser por su arraigada repugnancia a la vecindad de los hombres.

En la siguiente etapa de su evolución se convierten en hadas, que suelen morar como nosotros en la superficie de la tierra, aunque todavía con cuerpo etéreo. Después de esta etapa pasan a ser espíritus aéreos en el reino de los devas o ángeles, según explicaremos más adelante.

La oleada de vida en el reino mineral no sólo se manifiesta por medio de las rocas que constituyen la corteza terrestre, sino también por medio de las aguas oceánicas: y así como las rocas dejan pasar a traves suyo las inferiores formas etéreas, todavía desconocidas para el hombre, que moran en el interior del globo terráqueo, asimismo las aguas dan paso a otras inferiores formas etéreas que tienen su morada en las profundidades del mar. En este caso, también la siguiente etapa de evolución nos ofrece formas más definidas, aunque todavía etéreas, que moran entre dos aguas y muy raras veces se muestran en la superficie. La tercera etapa (correspondiente a la de las hadas en los espíritus terrestres) nos da la enorme hueste de espíritus acuáticos que con su juguetona vida pueblan las dilatadas llanuras del océano.

Las entidades que siguen estas líneas de evolución, toman cuerpos de materia exclusivamente etérea y no entran en los reinos vegetal, animal y humano; pero hay otros espíritus de la naturaleza que antes de su diversión pasan por los reinos vegetal y animal. Así en el océano hay una corriente de vida cuyas mónadas, al salir del reino mineral, entran en el vegetal en forma de algas, y luego pasan por los corales, esponjas y los enormes cefalópodos de entre dos aguas, para después emparentar con los peces y convertirse más tarde en espíritus acuáticos.

Estas entidades conservan el denso vehículo físico hasta muy alto nivel; y de la misma manera observamos que las hadas terrestres no sólo proceden de las filas de los gnomos, sino también de las capas inferiores del reino animal, pues hay una línea de evolución que roza ligeramente el reino vegetal en forma de hongos, y después pasa por las bacterias y pequeños seres de diversas especies a los insectos y reptiles, para ascender al hermoso orden zoológico de las aves, de donde al cabo de muchas encarnaciones ornitológicas entra en la todavía más bella comunidad de las hadas.

Hay otra línea de evolución que proviene del reino vegetal, donde asume la forma de hierbas y gramíneas, y después toma en el reino animal la de hormigas y abejas, hasta convertirse por fin en seres etéreos que, análogos a las abejas, zumban y revolotean en torno de plantas y flores, en la producción de cuyas numerosas variedades influyen notablemente hasta el punto de servir de auxilio sus funciones para la especialización y cultivo de los vegetales.

Sin embargo, conviene distinguirlos cuidadosamente para evitar confusiones. Los diminutos seres que cuidan de las flores, pueden dividirse en dos grandes clases con

14

numerosas variedades en ambas. La primera clase son los elementales propiamente dichos, porque no obstante su belleza, son tan sólo formas mentales y en modo alguno seres *vivientes*. Más bien se podría decir que son criaturas de vida temporal, pues si bien son activísimos y muy atareados durante su corta vida, no reencarnan ni evolucionan, y una vez terminada su obra se desintegran y disuelven en la atmósfera circundante, lo mismo que les sucede a nuestras formas mentales. Son formas mentales de los ángeles o devas encargados de la evolución del reino vegetal.

Cuando a uno de estos devas se le ocurre una nueva idea relacionada con alguna de las especies de plantas confiadas a su cuidado, emite una forma mental con el determinado propósito de realizar dicha idea. Generalmente la forma de su pensamiento es un modelo etéreo de la planta en cuestión, o bien una diminuta criatura que ronda por la planta mientras se forman los capullos y va gradualmente dándoles la configuración y colores que el deva ideó para la flor.

Pero tan pronto como la planta adquiere su completo crecimiento o se forma la flor, termina la tarea del elemental, quien, según hemos dicho, se desvanece entonces extinguido ya su poder, porque la única alma que lo animaba era la voluntad de realizar la tarea terminada.

Sin embargo, se ven en torno de las flores otros diminutos seres, verdaderos espíritus de la naturaleza, de los que hay muchas variedades. Una de las más comunes tiene forma parecida a la de los pájaros llamados colibrí y se les suele ver zumbando alrededor de las flores a modo de abejas. Estas menudas y hermosas criaturas no serán nunca humanas porque no siguen nuestra línea de evolución. La vida que los anima ha pasado por hierbas y gramíneas tales como la cebada y el trigo en el reino vegetal y por las hormigas y abejas en el reino animal, hasta alcanzar la etapa de diminutos espíritus de la naturaleza, que más tarde se convertirán en las hermosas hadas de cuerpos etéreos, que viven en la superficie de la tierra. Posteriormente serán salamandras o espíritus del fuego, y luego se convertirán en sílfides o espíritus del aire, con cuerpos astrales en vez de etéreos, para pasar por último al reino de los devas.

El trámite de la oleada de vida de uno a otro reino no se efectúa en rigurosa continuidad, sino que existen como escalones en cada variedad, y así quedan no pocos huecos entre los reinos. Esto se ve más claramente en nuestra línea de evolución, porque la vida que llega a los niveles superiores del reino vegetal no pasa nunca a los inferiores del animal, sino que por el contrario, entra en éste por etapas bastante adelantadas. Así, por ejemplo, la vida que anima un robusto árbol forestal no descenderá jamás a animar un enjambre de mosquistos, ni siquiera una familia de roedores o de rumiantes. Estas formas animales están animadas por la vida que salió del reino vegetal en el nivel de la dalia o del diente de león.

En todo caso se ha de recorrer la escala evolutiva; pero parece como si la parte delantera de un reino fuese paralela a la trasera del reino inmediatamente superior, de suerte que el tránsito de uno a otro se puede efectuar por distintos niveles según los casos. La corriente de vida que entra en el reino humano esquiva por completo las etapas inferiores del reino animal; esto es, que la vida que ha de alcanzar el reino humano nunca se manifiesta en forma de insectos ni reptiles. Antiguamente entró en el reino animal por el nivel de los enormes saurios antediluvianos; pero ahora pasa directamente de las superiores formas vegetales a la de los mamíferos. De la misma forma, cuando se individualizan los más adelantados animales domésticos, no han de humanizarse necesariamente por vez primera en la forma de primitivos salvajes.

El siguiente diagrama muestra en ordenación sinóptica algunas de estas líneas evolutivas, aunque en modo alguno las contiene todas, pues sin duda hay otras no observadas todavía, con multitud de maneras de pasar de una a otra por distintos niveles. Así es que el diagrama se limita a un amplio bosquejo del plan.

Según se infiere del diagrama, en la última etapa convergen todas las líneas de evolución, o por lo menos para nuestra ensombrecida vista no hay distinción entre la gloria de los altísimos seres, aunque acaso si fuese mayor nuestro conocimiento podríamos completar el diagrama. De todos modos, sabemos que así como el reino humano está por encima del animal, asimismo sobre el reino humano está el grandioso reino de los ángeles o devas, y que la entrada en este reino es una de las siete puertas que se abren ante los pasos del Adepto.

Este mismo reino de los devas es la etapa superior de la evolución de los espíritus de la naturaleza, aunque en esto vemos otro ejemplo de los saltos a que antes aludimos, porque el Adepto entra en el reino dévico por la cuarta etapa, sin pasar por las tres inferiores, mientras que el espíritu de la naturaleza entra en el reino dévico por la primera etapa, o sea por la de los devas inferiores.

Al entrar en el reino dévico recibe el espíritu de la naturaleza la divina chispa de la tercera oleada de vida y logra así la individualidad, como la logra el animal cuando entra en el reino humano. Además, de la misma forma que el animal sólo puede individualizarse poniéndose en contacto con el hombre, análogamente el espíritu de la naturaleza, para lograr la individualización, ha de ponerse en contacto con el ángel, servirle de ayudante y trabajar con él, hasta que aprenda a trabajar como los ángeles.

Realmente, los más adelantados espíritus de la naturaleza no son seres humanos etéreos o astrales, porque todavía no están individualizados; pero son algo más que un animal etéreo o astral, pues su grado de inteligencia es muy superior al de los animales, y en muchos puntos igual al del común de la humanidad. Por otra parte, los espíritus de la naturaleza de orden ínfimo tienen limitadísima inteligencia, por el estilo de la de los pájaros-mosca, mariposas o abejas a que tanto se parecen.

Según se ve en el diagrama, los espíritus de la naturaleza abarcan un amplio segmento del arco de evolución, incluyendo etapas correlativas con todas las de los reinos vegetales, animal y humano, hasta casi en la que hoy está nuestra raza.

Algunos tipos inferiores de espíritus de la naturaleza

EVOLUCIÓN DE LA VIDA

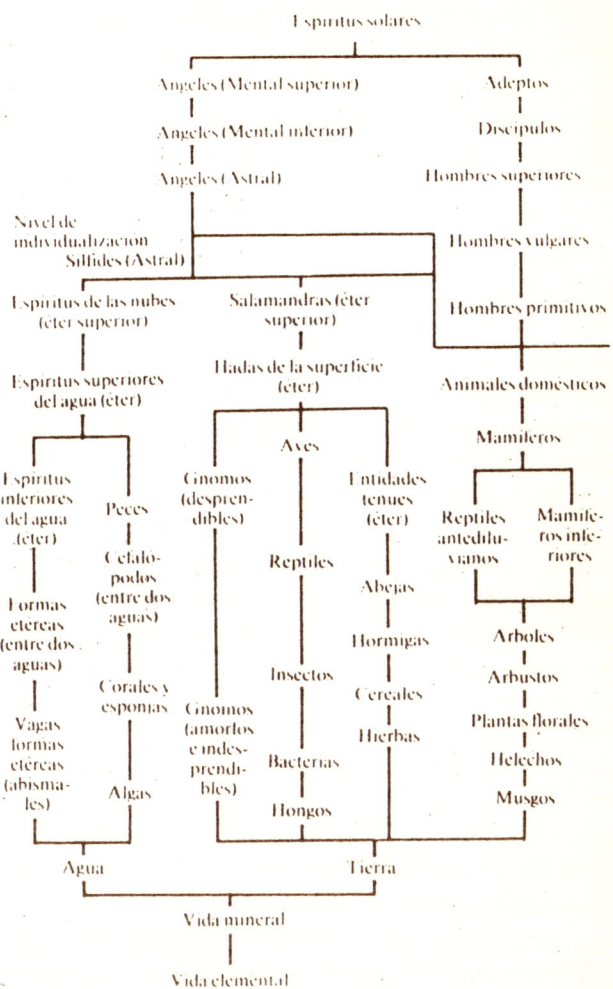

no tienen nada de estéticos; pero también ocurre lo mismo con las especies inferiores de reptiles e insectos. Hay tribus de espíritus de la naturaleza, no desarrollados todavía, de gustos groseros, y por lo tanto, su aspecto está en correspondencia con su etapa de evolución.

Las informes masas con enormes y rojas fauces que viven en las nauseabundas emanaciones etéreas de la sangre y del pescado podrido, son tan horribles a la vista como a la sensación de toda persona de mente pura. Igualmente repulsivas son las entidades rojinegras, semejantes a crustáceos rapaces, que planean sobre los lupanares, y los monstruos parecidos a pulpos que apetecen regodearse en los vapores alcohólicos de las orgías y festines alcohólicos. Sin embargo, por muy repugnantes que sean estos seres no son dañinos de por sí, ni se pondrán en contacto con el hombre, a menos que se degrade al nivel de ellas esclavizándose a sus bajas pasiones.

Tan sólo los espíritus de la naturaleza de estas especies inferiores y repulsivas se acercan voluntariamente al hombre vulgar. Otros de la misma clase, pero algo menos materiales, se gozan en bañarse en las groseras vibraciones levantadas por la cólera, la avaricia, la crueldad, la envidia, los celos y el odio. Quienes cedan a estos innobles sentimientos, se exponen a estar constantemente rodeados por las bajas multitudes del mundo astral, donde unos a otros se atropellan con tétricas ansias de saborear un arrebato pasional, y en su ceguera hacen cuanto pueden para provocarlo o intensificarlo. Apenas cabe creer que tan horrorosas entidades pertenezcan al mismo reino que los simpáticos y jubilosos espíritus de la naturaleza que vamos a describir.

HADAS

Es el tipo mejor conocido por el hombre. Las hadas viven normalmente en la superficie de la tierra, aunque como su cuerpo es etéreo, pueden atravesar a voluntad la corteza terrestre. Sus formas son muchas y variadas, pero generalmente tienen forma humana de tamaño diminuto, con alguna grotesca exageración de una u otra parte del cuerpo. Como quiera que la materia etérea es plástica y fácilmente modelable por el poder del pensamiento, son capaces de asumir cualquier aspecto que les plazca, si bien tienen de por sí formas peculiares que llevan cuando no necesitan tomar otras con determinado propósito y no ejercen su voluntad para transmutarlas. También tienen colores propios que distinguen unas especies de otras, así como se distinguen las aves por el plumaje.

Hay un inmenso número de razas de hadas cuyos individuos difieren en inteligencia y aptitudes, lo mismo que ocurre entre los hombres. Análogamente a los seres humanos, cada raza mora en distinto país y a veces en diferentes comarcas de un mismo país, y los individuos de cada raza tienden generalmente a mantenerse en vecindad como sucede en los hombres de una nación. Están distribuidas las hadas por la superficie de la tierra tan diversamente como los demás reinos de la naturaleza. Como las aves, de las que algunas de ellas proceden, hay variedades exclusivas de un país; otras que son comunes en un país y raras en otro, al tiempo que otras se encuentran en todas partes. También como las aves, las hadas de más vivos y brillantes colores moran en los trópicos.

TIPOS ETNICOS

Los tipos humanos predominantes en las diferentes partes del mundo se distinguen fácilmente y son en cierto modo característicos. Pero ¿no puede provenir esta distinción de la persistente influencia de las hadas, que en el transcurso de los siglos han modelado a los hombres, animales y plantas de su vecindad, de suerte que el hada estableció las formas a que inconscientemente se adaptaron los demás reinos? Por ejemplo, no puede darse más señalado contraste que el que existe entre las vivarachas y juguetonas muñequitas de color anaranjado y púrpura, o escarlata y oro, que bailotean por las viñas de Sicilia, y las discretas criaturas verdigrises que se pasean gravemente por los juncales de Bretaña o las bondadosas hadas morenas que frecuentan las montañas de Escocia.

En Inglaterra es más común la variedad verde-esmeralda, que también he visto en los bosques de Francia y Bélgica, en el Estado norteamericano de Massachusetts y en las orillas del Niágara. Las vastas llanuras del país de los dakotas están habitadas por una variedad blanca y negra, que no he visto en ninguna otra parte, y California disfruta de otra variedad muy linda, blanca y oro, que también parece ser única.

La especie más común de Australia es muy característica por su admirable y luminoso color azul celeste; pero hay mucha diferencia entre las hadas de Nueva Gales del Sur y Victoria y las de la tropical Tierra de la Reina. Las de este último país se parecen mucho a las de las Indias holandesas.

La isla de Java es muy prolífica en estas graciosas criaturas, de las que hay dos distintas variedades, ambas monocromáticas: una color añil con débiles reflejos metálicos, y otra en que aparece toda la gama del amarillo. Son extrañas, pero simpáticas.

Una sorprendente variedad local está fastuosamente adornada con rayas alternas, verdes y amarillas como una chaqueta deportiva. Esta variedad listada es tal vez peculiar en aquella parte, del rojo y amarillo en la península de Malaca, verde y blanco al otro lado de los Estrechos, en Sumatra. Esta gran isla también disfruta de la posesión de una variedad de hadas de un lindo color de heliotropo pálido, que anteriormente sólo había visto yo en las colinas de Ceilán. La especie habitante en Nueva Zelanda es de azul intenso con motas de plata, mientras que en las islas del mar del Sur se encuentra una variedad de color argentino irisado como una madreperla.

En la India hallamos hadas de diversas especies, desde

las de color rosado y verde pálido o azul claro y amari-
llo-verdoso de las montañas del país, hasta las entremez-
cladas de soberbios colores, casi chillones por su intensi-
dad, que moran en las llanuras.

En algunas partes de este maravilloso país, he visto la
variedad de negro y oro, que es más común en los desier-
tos africanos, y también otra cuyos individuos parecen
estatuitas de refulgente metal carmesí, semejante al la-
tón de los atlantes.

Algo parecida a esta última es una curiosa variedad
que parece como fundida de bronce bruñido. Habita en
la vecindad de los volcanes activos, pues los únicos parajes donde se la ha visto, son las estribaciones del
Vesubio y del Etna, en el interior de Java, las islas Sand-
wich, el Parque Yellowstone del norte de los Estados
Unidos, y en cierta comarca septentrional de Nueva Zelanda. Varios indicios dan a entender que esta variedad
es una supervivencia de un tipo primitivo, y representa
una especie de eslabón de tránsito entre el gnomo y el
hada.

En algunos casos, comarcas contiguas resultan estar
habitadas por muy distintas clases de espíritus de la naturaleza. Por ejemplo, según ya dijimos, los gnomos de
color verde esmeralda son comunes en Bélgica, y sin embargo, a 160 kilómetros de distancia, en Holanda, apenas se ve ni uno de ellos. En cambio, hay una variedad
de soberbio color púrpura oscuro.

EN UNA MONTAÑA SAGRADA DE IRLANDA

Cosa extraña es que la altura sobre el nivel del mar parece influir en la distribución geográfica de los espíritus de la naturaleza, pues los que moran en las montañas, rara vez se mezclan con los del llano. Recuerdo que al subir a la montaña de Slievenamón, una de las tradicionalmente sagradas de Irlanda, observé los definidos límites de demarcación entre los distintos tipos.

Las estribaciones y escotaduras inferiores, así como las llanuras circundantes, estaban pobladas por una maligna y activísima variedad roja y negra, que pulula en todo el sur y oeste de Irlanda, atraída por los centros magnéticos que hace cerca de dos mil años establecieron los sacerdotes magos de la antigua raza milesia para asegurar y perpetuar su dominio sobre las gentes, manteniéndolas bajo la influencia de la gran ilusión. Sin embargo, al cabo de media hora de ascensión a la montaña, no vi ni uno de estos seres rojinegros, sino que la falda estaba allí poblada por el apacible tipo azul moreno que desde hace mucho tiempo debía especial vasallaje al Tuatha de Danaan.

31

También tienen éstos su zona perfectamente delimitada, y ningún espíritu de la naturaleza de cualquier otro tipo se atreve a penetrar en el espacio aledaño a la cumbre consagrada a los poderosos devas de color verde que durante más de dos mil años están allí custodiando uno de los centros de fuerza viva que eslabonan el pasado con el futuro de la mística tierra de Erín. Estos devas aventajan al hombre en estatura, y sus gigantes formas son del color de las nuevas hojas primaverales, pero de indescriptible suavidad, refulgencia y brillo. Miran a la tierra con sus admirables ojos que lucen cual estrellas, llenos de la paz de quienes viven en lo eterno y esperando con la tranquilidad y certeza que infunde el conocimiento, la llegada del tiempo señalado. Se advierte plenamente el poderío e importancia del aspecto oculto de las cosas al contemplar semejante espectáculo. Pero a decir verdad, apenas está oculto, porque su influencia es tan poderosa y señalada, que aún los menos sensitivos la advierten, y así se explica la tradición irlandesa de que quien duerme una noche en la cima de la montaña sagrada, al despertar por la mañana, es poeta o loco. Será poeta si logra responder a la exaltación de todo su ser, ocasionada por el tremendo magnetismo que influyó en él mientras dormía. Será loco, si no tuvo fuerzas bastantes para soportar el estremecimiento.

VIDA Y MUERTE DE LAS HADAS

La duración de la vida de las diversas clases de espíritus de la naturaleza varía muchísimo. En algunos es muy corta y en otros mucho más larga que la del hombre. El universal principio de la reencarnación también prevalece en su existencia, aunque las condiciones son un tanto diferentes. No tienen lo que nosotros llamamos nacimiento y desarrollo. El hada aparece en su mundo completamente formada, como los insectos. Vive poco o mucho sin apariencia de fatiga ni necesidad de descanso y sin envejecer con los años.

Pero llega tiempo en que su energía se agota y se siente cansada de la vida. Cuando esto ocurre, su cuerpo se va volviendo más y más diáfano hasta convertirse en una entidad astral que vive durante cierto tiempo en este mundo entre los espíritus del aire, que representan para ella la inmediata superior etapa de evolución. Después de la vida astral vuelve a su alma-grupo, en donde si está lo bastante adelantada puede tener algo de existencia consciente antes de que la ley cíclica actúe una vez más en el alma-grupo, despertando en el hada el deseo de separación. Entonces su impulso dirige de nuevo hacia fuera la corriente de su energía, y aquel deseo, obrando en las plásticas materias astral y etérea, materializa un cuerpo de análogo tipo, a propósito para expresar el adelanto logrado en la última vida.

Por lo tanto, el nacimiento y la muerte son mucho más sencillos para las hadas que para los hombres, con la ventaja de que la muerte del hada está libre de todo pensamiento de tristeza y temor. Verdaderamente su vida entera parece más sencilla; es una existencia dichosa e irresponsable, como la de una cuadrilla de felices niños rodeados de un ambiente en extremo favorable.

Los espíritus de la naturaleza no tienen deseos ni conocen las enfermedades ni la lucha por la existencia, de suerte que están exentos de las más frecuentes causas del sufrimiento humano. Tienen profundos afectos y son capaces de contraer íntimas y duraderas amistades de las que obtienen un intenso e imperecedero placer. Pueden sentir envidia y cólera, pero se desvanecen ante el vivísimo deleite con que llevan a cabo las operaciones de la naturaleza que es su más señalada característica.

SUS PLACERES

Se gozan en la luz y resplandor del sol, aunque con el mismo placer danzan a la luz de la luna. Participan de la satisfacción de la sedienta tierra, de las flores y de los árboles al caer la lluvia, y también juguetean igualmente dichosas con los copos de nieve. Gustan de flotar perezosamente en la calma de una tarde de verano, y sin embargo también se solazan con la violencia del viento. No sólo admiran con una vehemencia que pocos de nosotros pueden comprender la belleza de un árbol o de una flor, la delicadeza de sus matices o la gracia de su forma, sino que toman vivísimo interés y sienten hondo deleite en todos los procesos de la naturaleza, en la circulación de la savia, el brote de los renuevos y el nacimiento y caída de las hojas.

Por supuesto que de esta característica se aprovechan los grandes Seres que presiden la evolución, valiéndose de los espíritus de la naturaleza para ayudar a la combinación de los colores y al arreglo de las variedades. Además atienden cuidadosamente a la vida de las aves e insectos, a la empolladura de los huevos y a la eclosión de las crisálidas, así como se complacen en vigilar las correrías y jugueteos de los cervatos, corderillos, ardillas y lebratillos.

Otra ventaja inestimable de la evolución etérea es que no necesitan alimentar sus cuerpos por medio de la comida y bebida, sino que el cuerpo del hada absorbe del éter circundante sin esfuerzo ni fatiga cuanta materia necesita para la nutrición de su cuerpo. En rigor no cabe decir que absorbe materia etérea sino más bien que continuamente se efectúa un intercambio de partículas, desasimilándose las desgastadas por haber consumido su energía y asimilándose otras plenamente dinamizadas.

Aunque los espíritus de la naturaleza no comen, la fragancia de las flores los deleita en grado análogo al placer que los hombres experimentan al saborear los manjares. El aroma es para ellos algo más que un halago del olfato o del gusto, pues se bañan en él hasta empapar todo su cuerpo.

Lo que en ellos desempeña funciones de sistema nervioso es mucho más delicado que el nuestro. Perciben gran número de vibraciones que escapan a nuestros groseros sentidos y así notan el olor de no pocas plantas y minerales que a nosotros nos parecen inodoros.

No tienen estructura interna, pues sus cuerpos son como neblina, y por lo tanto no es posible desmembrarlos ni herirlos ni les afecta penosamente el calor ni el frío. Así hay una variedad de hadas que parecen preferir a toda otra cosa el bañarse en el fuego. Cuando estalla un incendio acuden presurosas de todas partes y se deslizan con salvaje deleite entre las oscilantes llamas como los muchachos en el declive de un tobogán. Estas hadas son los espíritus del fuego o las salamandras de la literatura medieval. Los espíritus de la naturaleza sólo pueden sentir dolor corpóreo a consecuencia de una desagradable o inarmónica emanación o vibración, pero pueden evitarlo por la facultad que tienen de trasladarse velocísimamente de un punto a otro.

Según se infiere de las observaciones hechas hasta ahora, las hadas están del todo libres de la maldición del miedo, tan dominante en la vida del reino animal, que en nuestra línea de evolución se corresponde al reino de las hadas en la evolución etérea.

ROMANTICISMO DE LAS HADAS

Tienen las hadas una imaginación envidiable por lo fértil, y en los ratos de recreo con sus compañeras se complacen en idear todo tipo de fantásticos escenarios y románticas situaciones. Puede entonces compararse el hada a un niño que relata cuentos a sus compañeros, aunque con la ventaja sobre el niño de que como las demás hadas tienen visión etérea y astral inferior, todas las ideas y personajes del cuento toman forma visible para los oyentes en el transcurso de la relación.

Sin duda que muchos de estos cuentos nos parecerán pueriles y de muy limitada y extraña finalidad, porque la inteligencia del hada actúa en dirección distinta de la nuestra; para ellas son vívidamente reales y motivo de inagotable deleite.

El hada que denota extraordinario talento en imaginar narraciones se gana el afecto y consideración de sus compañeras, sin que jamás le falten auditorio y séquito.

Cuando algún ser humano vislumbra un grupo así de hadas, lo juzga según sus rutinarios prejuicios y toma al hada principal por un rey o reina según la figura que en aquel momento asuma el hada. En realidad, el reino de los espíritus de la naturaleza no necesita régimen alguno de gobierno, excepto la inspección general que sobre ellos ejercen los devas superiores y sus subordinados, sin que se den cuenta de esta inspección más que los espíritus de la naturaleza muy adelantados

SU ACTITUD CON RESPECTO AL HOMBRE

La mayor parte de los espíritus de la naturaleza repugnan y evitan la compañía del hombre, y no es extraño que así sea, pues para ellos el hombre es un devastador demonio que destruye y despoja todo por donde pasa.

A sangre fría y a veces entre horribles tormentos mata el hombre a las hermosas criaturas que los espíritus de la naturaleza gustan cuidar. Abate los árboles, siega las hierbas, arranca las flores y desidiosamente las echa para que se marchiten. Suplanta la amable vida en el seno de la naturaleza con sus horribles ladrillos y cementos y, la fragancia de las flores con los vapores de sus manipulaciones químicas y el sucio humo de sus fábricas. ¿Es extraño que las hadas nos miren con horror y se aparten de nosotros como nos apartamos de un reptil venenoso?

No sólo devastamos cuanto más amable es para las hadas, sino que la mayor parte de nuestros hábitos y emanaciones les desagradan. Envenenamos el suavísimo aire con repugnantes vapores de alcohol y humo de tabaco. Nuestras inquietas e indómitas pasiones levantan un continuo flujo de corrientes astrales que las perturba y enoja con el mismo disgusto que tendríamos nosotros si nos vaciaran encima un cubo de agua sucia. Para los espíritus de la naturaleza la cercanía del hombre ordinario equivale a estar bajo la furia de un huracán. No son ángeles con el perfecto conocimiento a que acompaña la perfecta paciencia, sino que son como niños inocentes y algunos de ellos como juguetones gatitos excepcionalmente inteligentes. Por otra parte ¿es extraño que nos repugnen, rechacen y eviten si por costumbre ultrajamos sus más nobles y elevados sentimientos?

Se conocen dos casos en que a causa de excesiva intrusión o molestia por parte del hombre, mostraron las hadas notoria malicia y se desquitaron del daño. No obstante, por lo general, a pesar de las insoportables provocaciones del hombre, rara vez se encolerizan las hadas, pues su acostumbrado procedimiento de repeler a un intruso es hacerle víctima de alguna broma pueril. Se gozan en extraviar o engañar al intruso, haciéndole perder el camino al cruzar un pantano, manteniéndole dando vueltas en círculo toda la noche mientras el cree que anda en línea recta o forjándole la ilusión de que ve palacios y castillos donde no hay tales.

Varios cuentos y leyendas sobre estas curiosas características de las hadas subsisten tradicionalmente entre los aldeanos de casi todas las comarcas montañosas.

HECHIZO

Las hadas se valen eficazmente en sus tretas y burlas de la maravillosa facultad que tienen de hechizar a quienes ceden a su influencia, de modo que mientras están sujetos al hechizo, sólo ven y oyen lo que las hadas les sugieren como el hipnotizado que únicamente ve, oye, gusta y huele lo que el magnetizador desea.

Sin embargo, los espíritus de la naturaleza no tienen la hipnótica facultad de dominar la voluntad humana, excepto cuando se trata de gentes de pobre entendimiento que ceden a un invencible terror durante el cual queda en suspenso su voluntad.

Las hadas no tienen otro poder que el de alucinar los sentidos, pero en esto son indiscutiblemente maestras y se conocen casos en que hechizaron de golpe a gran número de gentes.

Los juglares de la India efectúan con el auxilio de las hadas sus más sorprendentes actos, entre ellos el del cesto o aquel otro en que el juglar lanza aire arriba una cuerda que se coloca y mantiene tirante en el espacio sin apoyo alguno, hasta que desaparece luego de saltar por ella el prestigitador. Los espectadores están en este caso colectivamente alucinados y se figuran que presencian una serie de sucesos que no han ocurrido en realidad.

El poder del hechizo consiste sencillamente en forjar una vigorosa imagen mental y proyectarla después en la mente del hechizado. A la generalidad de los hombres les parecerá esto casi imposible porque nunca lo intentaron ni tienen idea de cómo se realiza. La mente del hada no es tan amplia como la del hombre; pero está acostumbrada a forjar imágenes y proyectarlas en mentes ajenas porque esta es una de las principales tareas de su vida cotidiana.

No es extraño que con tan continuada práctica sean las hadas expertas en esta operación, que resulta mucho más sencilla para ellas cuando como en el caso de los juglares índios, se ha de reproducir centenares de veces la misma imagen, hasta que cada pormenor se traza sin esfuerzo como consecuencia del hábito.

Para comprender bien cómo se hace esto, debemos recordar que las imágenes mentales tienen realidad, pues son construcciones de materia mental, y que la línea de comunicación entre la mente y el cerebro físico pasa por las contrapartes astral y etérea de este mismo cerebro, pudiendo interceptarse la comunicación por medio de un obstáculo colocado en cualquier punto intermedio.

Algunos espíritus de la naturaleza suelen concurrir a las sesiones espiritistas con objeto de remedar engañosamente los fenómenos físicos. Quienes hayan frecuentado dichas sesiones recordarán casos de bromas y burlas sin malicia, que denotan casi siempre la presencia de un espíritu de la naturaleza, aunque también cabe atribuirlas a algún difunto que en vida fue lo bastante casquivano para creer que divierten sus tonterías y no ha tenido aún tiempo de adquirir sabiduría.

EJEMPLOS DE AMISTAD

Por otra parte, hay ejemplos en que algunos espíritus de la naturaleza han contraído amistad con seres humanos, ofreciéndoles cuanta ayuda estaba en su poder prestarles, como en las conocidas narraciones de las sirvientas escocesas o las hadas que encienden el fuego de las cenicientas. También hubo casos, aunque rarísimos, en que un hombre predilecto de las hadas fue admitido a presenciar sus festines y compartir durante algún tiempo su género de vida.

Dícese que los animales silvestres se acercan confiadamente a los yoguis indios porque instantáneamente conocen que son amigos de todo ser viviente. De la misma manera, las hadas se agrupan en torno del hombre que entra en el Sendero de Santidad, pues notan que sus emanaciones son menos tormentosas y más agradables que las de los hombres cuya mente está aún fija en los negocios mundanos.

A veces se ha visto que las hadas se acercan a los niños

pequeños y les muestran mucho afecto, especialmente a los de viva imaginación y propensos al ensueño, pues son capaces las hadas de ver y complacerse en las formas mentales de que el niño se rodea.

También hubo casos en que las hadas tomaron vivo cariño a un pequeño sumamente simpático e intentaron llevárselo a sus moradas con el sincero propósito de librarlo del que les parecía horrible destino de crecer y vivir entre el vulgo de los hombres. En las narraciones demóticas hay algo referente a raptos de niños, aunque también obedecen a otras causas de que más adelante hablaremos.

ESPIRITUS DEL AGUA

Por numerosas que sean las hadas de la superficie de la tierra, casi siempre alejadas de la vecindad del hombre, son todavía más numerosas las hadas marinas, ondinas o espíritus del agua que moran en la superficie del mar. Hay tantas variedades como en la tierra. Los espíritus de la naturaleza del Pacífico difieren de los del Atlántico, y de los del Mediterráneo. Las especies que juguetean en el indescriptible azul luminoso de los mares tropicales son muy distintas de las que saltan por entre la espuma de los grises mares del norte. Diferentes también son los espíritus de los lagos, ríos, cascadas y cataratas, pues tienen más puntos de analogía con las hadas terrestres que con la ondinas de alta mar.

Sus formas son variadísimas, aunque con más frecuencia recuerdan la humana. En general tienden a tomar formas más amplias que las hadas de los bosques y las montañas, pues así como éstas son diminutas, las ondinas asumen la forma y estatura humanas.

A fin de evitar errores conviene insistir en la facultad

proteica de los espíritus de la naturaleza, que tanto los de la tierra como los del agua pueden aumentar o disminuir su tamaño a voluntad y tomar la forma que les plazca.

Teóricamente no hay restricción en esta facultad, pero en la práctica tiene sus límites, aunque muy amplios. Un hada de medio metro de estatura puede acrecentarla hasta la de un hombre de 1,84 m., pero el esfuerzo para ello sería demasiado violento y sólo podría sostenerlo unos cuatro minutos. A fin de asumir una forma distinta de la propia, el espíritu de la naturaleza ha de concebirla claramente, y sólo será capaz de mantenerla mientras su mente esté fija en ella, pues tan pronto como distraiga el pensamiento recobrará su natural apariencia.

Aunque la materia etérea pueda moldearse fácilmente por el poder del pensamiento, no se plasma con tanta rapidez como la astral. Cabe decir que la materia mental obedece *instantáneamente* al pensamiento, y la materia astral le sigue en orden de rapidez, de modo que el observador vulgar no advierte la diferencia; pero en cuanto a la materia etérea, la visión del hombre que la posea puede notar sin dificultad el aumento o disminución de las formas con ella plasmadas. Una sílfide cuyo cuerpo es de materia astral, cambia de forma con relampagueante rapidez. El hada, cuyo cuerpo es etéreo, aumenta o disminuye de tamaño con relativa rapidez, pero no instantáneamente.

Pocos espíritus terrestres son de estatura gigantesca, y en cambio ésta es la estatura ordinaria de los del mar.

Las hadas de la tierra suelen entretejerse imaginaria-
mente prendas de indumentaria humana, y se muestran
vestidas de extraños gorros, fajas y chaquetas; pero nunca he visto semejantes figurines en los habitantes del
mar.

Casi todas las ondinas tienen la facultad de alzarse de
su peculiar elemento y flotar o volar en corto trecho por
el aire. Se complacen en juguetear entre la espuma o en
cabalgar sobre los escollos. No sienten tanta repugnancia por el hombre como sus hermanas terrestres, acaso
por las menores ocasiones que se le deparan al hombre
de tratar con ellas. No descienden a mucha profundidad
del agua y nunca se sumergen más allá del alcance de la
luz, de modo que siempre queda considerable espacio
entre sus dominios y los de las menos evolucionadas
criaturas de entre dos aguas.   •

Algunas especies muy hermosas habitan en las aguas
interiores, donde el hombre no ha posibilitado aún su
existencia. Desde luego que los residuos fabriles y feca-
les que contaminan las aguas próximas a las ciudades populosas les disgustan; pero no hacen objección contra
las turbinas y acequias que funcionan en comarcas tran-
quilas, pues a veces se las ha visto solazándose en la corriente de un molino.

Parece que gozan especialmente en las cascadas, cataratas y saltos de agua, tal como sus hermanas marinas se
recrean en la espuma de las olas. El gusto que las cascadas les proporcionan es aliciente bastante para que a veces afronten la odiada presencia del hombre. Así en el
río Niágara se ven algunas durante el verano, aunque ge-

neralmente acostumbran a mantenerse en el centro de las cataratas y en las corrientes rápidas del río.

Como las aves de paso, en el invierno abandonan las aguas septentrionales que se hielan durante algunos meses, y van en busca de más templados climas. Si bien no les importan las heladas y el frío no las afecta, les disgusta ver perturbadas sus ordinarias condiciones de vida. Las que comúnmente habitan en los ríos se trasladan al mar cuando se hielan las aguas fluviales, al paso que a otras les repugna el agua salada y prefieren emigrar a lejanos parajes en vez de refugiarse en el océano.

Una interesante variedad de ondinas son los espíritus de las nubes, que pasan casi toda su vida en «las aguas que están en el firmamento». Deberíamos considerarlos como el eslabón de tránsito entre los espíritus del agua y los del aire. Sus cuerpos son de materia etérea, como los de las ondinas, pero pueden permanecer muchísimo tiempo fuera del agua. Sus formas suelen ser de gran tamaño y de estructura de malla. Se parecen algo a ciertas variedades de ondinas, y cuando el cielo está despejado gustan de sumergirse en el mar. Su habitual residencia es el luminoso silencio de las nubes, que por pasatiempo favorito modelan en fantásticas formas o las disponen en las seriadas filas a que llamamos cielo aborregado.

SILFOS

Vamos a considerar ahora el tipo superior del reino de los espíritus de la naturaleza, o sea la etapa en que convergen las líneas de desenvolvimiento de las hadas de tierra y mar. Son las sílfides o espíritus del aire muy superiores a los tipos de que hemos tratado hasta ahora, pues ya se han desprendido de materia física y su vehículo inferior es el astral. Aventajan mucho en inteligencia a las clases etéreas e igualan a la generalidad de los hombres, aunque todavía no están permanentemente individualizadas.

Por estar tan evolucionados estos seres, pueden comprender acerca de la vida mucho más que los animales al separarse de su alma grupal, y así ocurre que conocen que les falta la individualidad y anhelan ardientemente lograrla. Esta es la verdad subyacente en las tradiciones populares que representan a los espíritus de la naturaleza anhelosos de poseer un alma inmortal.

El procedimiento que ordinariamente siguen para

este logro consiste en relacionarse por el trato y el amor con los devas o ángeles astrales que constituyen el grado de evolución inmediatamente superior.

Un animal doméstico, como el perro o el gato, progresa por el desarrollo de su inteligencia y de sus afectos mediante el íntimo contacto con su dueño. No sólo le mueve su amor al dueño a determinados esfuerzos para comprenderle, sino que las vibraciones del cuerpo mental del dueño influyen de continuo en su rudimentaria mente, que poco a poco aumenta en actividad, al propio tiempo que el afecto de su amo despierta en su cuerpo astral siempre crecientes emociones.

El hombre puede o no amaestrar al animal; pero en todo caso, aún sin deliberado esfuerzo, la íntima relación entre ambos favorece el progreso evolutivo del inferior. Con el tiempo, el desenvolvimiento del animal llega a un nivel en que es capaz de recibir la tercera Oleada o, mejor dicho, Efusión de Vida, que lo individualiza separándolo definitivamente de su alma grupal.

Ahora bien, esto es exactamene lo que ocurre entre el deva astral y la sílfide, con la sola diferencia de que lo efectúan de más inteligente y eficaz manera. Ni un hombre entre mil sabe nada acerca de la verdadera evolución de su perro o de su gato, ni mucho menos comprende el animal las posibilidades que le aguardan. Pero el deva conoce claramente el plan de evolución y en muchos casos también sabe la sílfide lo que le conviene, y en consecuencia obra inteligentemente para lograrlo.

Así es que cada deva astral tiene adictas varias sílfides

58

a quienes enseña y de él aprenden, intercambiándose sus afectos.

Muchos de estos devas astrales sirven de agentes a los devarrajas en la distribución del karma, y así ocurre que las sílfides suelen ser agentes subalternos de esta obra, adquiriendo sin duda copiosos conocimientos, mientras ejecutan la labor asignada.

El Adepto sabe cómo utilizar los servicios de los espíritus de la naturaleza cuando de ellos necesita, y hay no pocos asuntos que les pueden confiar. En el número de Broad Views, correspondiente a febrero de 1907, se publicó un admirable relato de la ingeniosa manera en que un espíritu de la naturaleza desempeñó una comisión que le había confiado un Adepto.

Se le encargó que distrajese a un inválido enfermo de gripe, y durante cinco días el espíritu le entretuvo con curiosas e interesantes visiones cuyo feliz resultado, según confesión del mismo enfermo, fue «alegrar los días que en ordinarias circunstancias hubieran sido de insufrible tedio».

Le mostró el espíritu de la naturaleza una desconcertante variedad de escenas en que aparecía el interior de semovientes rocas con diversidad de seres en ellas. También le mostró montañas, bosques, senderos y edificios de soberbia arquitectura, columnas corintias, estatuas, bóvedas y maravillosas flores entre palmas que ondeaban como mecidas por la brisa. Con los objetos del aposento componía una escena de mágica transmutación, y en verdad que de la curiosa índole del solaz proporcionado podía colegirse la especie de espíritu de la naturaleza empleado en tan caritativa obra.

Los magos orientales procuran a veces obtener la ayuda de los espíritus superiores de la naturaleza para sus operaciones; pero este empeño no está exento de peligros. Al efecto han de valerse de la invocación o de la evocación. La invocación consiste en atraer al espíritu con súplicas y concertar el asunto con él. La evocación estriba en actualizar influencias que mueven al espíritu a obedecerle. Si fracasa en el intento se expone a provocar su hostilidad con riesgo de inutilizarlo prematuramente, o por lo menos lo colocará en situación desairada y ridícula.

Hay muchas variedades de sílfides que difieren en poder, inteligencia, aspecto y costumbres. Desde luego que no están tan contraídas a determinada localidad como las clases ya descritas, aunque también parecen reconocer los límites de diversas zonas de altitud, pues unas variedades flotan siempre cerca de la superficie terrestre, mientras que otras pocas veces se acercan a ella. Por regla general, comparten la común repugnancia por la vecindad del hombre y sus inquietos deseos; pero hay ocasiones en que soportan esta molestia a cambio de diversión o de lisonja.

SUS DIVERSIONES

Se solazan animando formas mentales de varias clases. Por ejemplo, un novelista produce vigorosas formas
mentales de todos sus personajes y los va moviendo,
como si fueran polichinelas, en su diminuto escenario;
pero a veces un tropel de jubilosos espíritus de la naturaleza se apodera de las formas mentales creadas por el novelista y desarrollan la acción bajo un plan improvisado
por la excitación del momento, de modo que el desalen-
tado autor nota que sus muñecos se le han ido de la
mano y demuestran voluntad propia.

La afición a las jugarretas, tan características en algunas hadas, persiste en las especies inferiores de sílfides,
cuyas personificaciones no son ya de índole tan inofensi-
va.

Las gentes cuyo mal karma las colocó bajo el dominio
de la teología supersticiosa y no tienen todavía inteligencia o fe bastantes para desechar sus blasfemas doctrinas,
producen con sus temerosas emociones horribles formas

mentales del imaginario demonio a quien su superstición concede tan predominante papel en el universo. Siento decir que algunos traviesos espíritus de la naturaleza son incapaces de resistir a la tentación de enmascararse con estas terribles formas mentales, tomando a broma el aparecer con cuernos, arrastrar una cola ahorquillada y echar llamas por las fauces.

A quien conozca la índole de estos demonios de pantomima, no le causarán daño alguno; pero los niños bastante receptivos para tener un vislumbre de tan espantables espectros, sentirán profundo terror si no se les advirtió de su inocuidad.

Como quiera que el espíritu de la naturaleza no conoce el miedo, no ve las graves consecuencias de su travesura, y acaso cree que el miedo del niño es fingido y que forma parte del juego.

Sin embargo, no podemos inculpar al espíritu de la naturaleza, desde el momento en que consentimos que nuestros niños estén atados a la cadena de una grosera superstición, descuidando inculcarles la verdad de que Dios es amor y que el perfecto amor desvanece todo temor.

Si el espíritu del aire aterroriza así de cuando en cuando a los niños vivientes mal instruidos, debemos poner en su abono el anhelo con que procura entretener y divertir a millones de niños de los que llamamos «muertos»; pues jugar con ellos y solazarlos de cien maneras distintas, es una de sus más dichosas tareas.

Las sílfides han visto la oportunidad que les deparan las sesiones espiritistas, y las hay que asisten frecuentemente a ellas con nombres por el estilo de Dalia o Girasol. Son capaces de dar sesiones muy interesantes porque saben mucho acerca de las condiciones e índole de la vida astral. Responden prontamente a preguntas con tanta veracidad como sus conocimientos les permiten y con apariencia de profundidad cuando el asunto está más allá de su alcance. Producen golpes, movimientos, ruidos y luces sin la menor dificultad, y están dispuestas a llevar cualquier mensaje que sea necesario, no para dañar ni engañar, sino por el placer que experimentan en servir de mensajeras y verse adoradas y reverenciadas con profunda devoción y afecto como «queridos espíritus» y «ángeles custodios». Comparten la complacencia de los concurrentes a la sesión y les satisface la benéfica obra de consolar al triste.

Como quiera que viven astralmente, la cuarta dimensión es un hecho vulgar en su existencia, y esto les facilita muchas jugarretas que a nosotros nos parecen prodigiosas, tales como sacar objetos de una caja cerrada o poner flores en un aposento igualmente cerrado.

Las sílfides o espíritus del aire que asisten a las sesiones espiritistas, conocen los deseos y sentimientos de los circunstantes de modo que pueden leer en su mente cuando piensan, excepto las ideas abstractas, y están a su alcance toda clase de materializaciones, con tal de disponer de conveniente material.

Se ve, por lo tanto, que sin necesidad de auxilio ajeno, son capaces de proporcionar diversas distracciones y

juegos de velada, como sin duda así lo hacen frecuentemente. No quiero decir en modo alguno que los espíritus
de la naturaleza sean las úncias entidades que actúan en
las sesiones espiritistas. El manifestado «espíritu» es a
menudo el mismo que dice ser; pero también es verdad
que a veces no lo es ni remotamente, y el vulgar circuns-
tante no tiene medio alguno de distinguir entre la legiti-
midad y la impostura.

DESARROLLO ANORMAL

Según ya dijimos, la línea normal de progreso del espíritu de la naturaleza es lograr la individualidad por el trato con un deva; pero hay individuos que se desviaron de esta norma. El intenso afecto de la sílfide por el ángel es el factor capital de la individualización, y los casos anormales son aquellos en que en vez de poner la sílfide su afecto en una deva lo pone en un ser humano. Esto implica una tan completa inversión de la común actitud de dichos seres hacia la humanidad, que sólo ocurre muy raras veces; pero cuando ocurre y el amor es lo bastante intenso para conducir a la individualización, desvía el espíritu de la naturaleza de su peculiar línea de evolución y lo trae a la humana, de modo que el ego reencarnará como hombre y no como deva.

Esto es lo que nos dan a entender las tradiciones y leyendas en que un espíritu no humano se enamora de un hombre y anhela ardientemente obtener un alma inmortal para estar toda la eternidad con el objeto de su amor. Al encarnar un espíritu así en forma humana, re-

69

sulta de un extraño carácter, afectuoso y emocional, pero caprichoso, primitivo en ciertos aspectos y sin el más leve sentimiento de responsabilidad.

Ha sucedido a veces que una sílfide profundamente enamorada de un hombre o una mujer, pero no lo bastante para que su afecto determinara la individualización, hizo un vigoroso esfuerzo para forzar la entrada en la humanidad, apoderándose del cuerpo de un niño moribundo, quien pareció recobrar la vida como si el destino lo arrebatara de las garras de la muerte. Pero a causa de no estar la sílfide acostumbrada a las restricciones del cuerpo físico denso en que se infundió, resulta el temperamento del niño muy cambiado, regañón e irascible.

Si la sílfide fuera capaz de adaptarse al cuerpo físico de que se apodera, nada le impediría conservarlo toda una vida de ordinaria duración, y si en su transcurso lograra desarrollar un afecto lo bastante vivo para desligarse del alma grupal, reencarnaría normalmente como ser humano. Si durante aquella vida forzadamente humana no logra intensificar en la necesaria medida su afecto, volverá después de la muerte a su peculiar línea de evolución.

Estos hechos corroboran la verdad entrañada en las leyendas y tradiciones de suplantación de criaturas, que abundan en todos los países del noroeste de Europa, en China, y también, según referencias, entre los indígenas de las costas del Pacífico en la América del Norte.

VENTAJAS DE ESTE ESTUDIO

El reino de los espíritus de la naturaleza es un interesantísimo campo de estudio al que se le ha prestado escasa atención. Aunque se les menciona frecuentemente en la literatura ocultista, no sé de ningún intento que se haya hecho para clasificarlos científicamente.

Este vasto reino de la naturaleza necesita un Cuvier o un Linneo; pero acaso cuando haya abundancia de investigadores, podremos esperar que uno de ellos tome a su cargo la tarea y nos proporcione en calidad de obra maestra de su vida una acabada y completa historia natural de estos deleitosos seres.

No será trabajo perdido ni estudio inútil. Nos conviene conocer los espíritus de la naturaleza, no sólo por la influencia que en nosotros ejercen, sino porque al comprender una línea de evolución tan distinta de la humana, se extiende nuestra mente y reconocemos que el mundo no existe para nosotros solos y que nuestro punto de vista no es el único ni el más importante.

Los viajes por países extranjeros producen el mismo efecto aunque en menor grado, porque enseñan al hombre libre de perjuicios que razas en todos los aspectos tan valiosas como la suya pueden diferir notablemente de ella en multitud de características.

En el estudio de los espíritus de la naturaleza hallamos la misma idea mucho más ampliada. Es un reino radicalmente diferente, sin sexo, exento de temor, ignorante de la lucha por la existencia, y sin embargo, la meta final de su evolución es en todo y por todo análoga a la que se alcanza por la línea de evolución humana.

Al aprender esto, podremos descubrir algo más de los múltiples aspectos del Logos, y aprenderemos a tener modestia, caridad y tolerancia de pensamiento.

INDICE